Mein zweisprachiges Bilderbuch
كتابي المصور ثنائي اللغة

Sefas schönste Kindergeschichten in einem Band

Ulrich Renz • Barbara Brinkmann:

Schlaf gut, kleiner Wolf · نَمْ جيداً، أيُها الذئبُ الصغيرْ

Lesealter: ab 2 Jahre

Cornelia Haas • Ulrich Renz:

Mein allerschönster Traum · أَسْعَدُ أَحْلَامِي

Lesealter: ab 2 Jahre

Ulrich Renz • Marc Robitzky:

Die wilden Schwäne · البجع البري

Nach einem Märchen von Hans Christian Andersen

Lesealter: ab 5 Jahre

© 2024 by Sefa Verlag Kirsten Bödeker, Lübeck, Germany. www.sefa-verlag.de

Special thanks to Paul Bödeker, Freiburg, Germany

All rights reserved.

ISBN: 9783756304691

Lesen · Hören · Verstehen

Schlaf gut, kleiner Wolf

نَمْ جيداً، أيُها الذئبُ الصغيرْ

Ulrich Renz / Barbara Brinkmann

Deutsch   bilingual   Arabisch

Übersetzung:

Abdelaaziz Boussayer (Arabisch)

Hörbuch und Video:

www.sefa-bilingual.com/bonus

Kostenloser Zugang mit dem Kennwort:

Deutsch: **LWDE1314**

Arabisch: **LWAR1027**

Gute Nacht, Tim! Wir suchen morgen weiter.
Jetzt schlaf schön!

ليلة سعيدة يا تيم!
غداً سَنُتابعُ البحث. أما الآن فنمْ جيداا!

Draußen ist es schon dunkel.

لقد حلَّ الظلام.

Was macht Tim denn da?

ماذا يَفعلُ تيم هُناك؟

Er geht raus, zum Spielplatz.

Was sucht er da?

إنه خارِجٌ إلى الملعب.
عَنْ ماذا يبحَثُ هُناك؟

Den kleinen Wolf!

Ohne den kann er nicht schlafen.

عَنْ الذئب الصغير!

لأنه لا يستطيع النومَ بدونه.

Wer kommt denn da?

مَنْ القَادِمْ؟

Marie! Die sucht ihren Ball.

إنها ماري! تبحث عن كُرَتِها.

Und was sucht Tobi?

و عَنْ ماذا يَبحَثُ طوبي؟

Seinen Bagger.

عن حَفَّارَتِهِ.

Und was sucht Nala?

و عَنْ ماذا تَبحَثُ نالا؟

Ihre Puppe.

عن دُميتِها.

Müssen die Kinder nicht ins Bett?

Die Katze wundert sich sehr.

ألم يَحِنْ وقتْ نَومِ الأطفال؟

تَتَساءَلُ القطة بعجب.

Wer kommt denn jetzt?

مَن القَادِم الآن؟

Die Mama und der Papa von Tim!
Ohne ihren Tim können sie nicht schlafen.

أمُ تيم و أبوه!
فهم لا يَستَطِيعونَ النَّومَ بدونِ ابنِهما تيم.

Und da kommen noch mehr! Der Papa von Marie.
Der Opa von Tobi. Und die Mama von Nala.

و هنالك المزيدُ قادمون!
أبُو ماري. جدُّ طوبي. و أمُ نالا.

Jetzt aber schnell ins Bett!

الآن أسرِعوا إلى النوم!

Gute Nacht, Tim!

Morgen müssen wir nicht mehr suchen.

ليلة سعيدة يا تيم!

غداً لن يكونَ علينا البحثُ مجدداً.

Schlaf gut, kleiner Wolf!

نَمْ جيداً، أيُها الذئبُ الصغيرْ!

Cornelia Haas • Ulrich Renz

Mein allerschönster Traum

أَسْعَدُ أَحْلَامِي

Übersetzung:

Oumaima Naffouti (Arabisch)

Hörbuch und Video:

www.sefa-bilingual.com/bonus

Kostenloser Zugang mit dem Kennwort:

Deutsch: **BDDE1314**

Arabisch: **BDAR1027**

Mein allerschönster Traum

أَسْعَدُ أَحْلامِي

Cornelia Haas · Ulrich Renz

Deutsch bilingual Arabisch

Lulu kann nicht einschlafen.
Alle anderen träumen schon –
der Haifisch, der Elefant, die
kleine Maus, der Drache, das
Känguru, der Ritter, der Affe,
der Pilot. Und der Babylöwe.
Auch dem Bären fallen schon
fast die Augen zu …

Du Bär, nimmst du mich mit in
deinen Traum?

لُولُو لَا تَسْتَطِيعُ النَّوْمَ، الْآخَرُونَ فِي
سُبَاتٍ عَمِيقٍ يَحْلُمُونَ؛ القِرْش، اَلْفِيلُ،
الفَأْرَةُ الصَّغِيرَةُ، التِّنّينُ، الْكُنْغُرُ،
الفارِسُ، اَلْقِرْدُ، الطَّيَّارُ وَالْشِبْلُ.
حَتَّى الدَّبُّ الصَّغِيرُ يَفْتَحُ أُعيْنَهُ بِصُعوبَةٍ
أَيُّهَا الدَّبُّ الصَّغِيرُ!

هَلْ تَأْخُذُنِي مَعَكَ فِي حُلْمِكَ؟

Und schon ist Lulu im Bären-Traumland. Der Bär fängt Fische im Tagayumi See. Und Lulu wundert sich, wer wohl da oben in den Bäumen wohnt? Als der Traum zu Ende ist, will Lulu noch mehr erleben. Komm mit, wir besuchen den Haifisch! Was der wohl träumt?

وَفِي الْحَالِ هَاهِي لُولُو فِي بَلَدِ أَحْلَامِ الدِّبَبَةِ. كَانَ الدُّبُّ الصَّغِيرُ يَصْطَادُ الأَسْماكَ فِي بُحَيْرَةِ تَاغَايُومِي وَلُولُو تَتَسَاءَلُ مَنْ يُمْكِنُهُ الْعَيْشَ فَوْقَ الْأَشْجَارِ.

عِنْدَمَا انْتَهَى الْحِلْمُ، لُولُو تُرِيدُ مُغَامَرَةً أُخْرَى. تَعَالَ مَعِي لِرُؤْيَةِ الْقِرْشِ، بِمَاذَا هُوَ حَالِمٌ؟

Der Haifisch spielt Fangen mit den Fischen. Endlich hat er Freunde! Keiner hat Angst vor seinen spitzen Zähnen.

Als der Traum zu Ende ist, will Lulu noch mehr erleben. Kommt mit, wir besuchen den Elefanten! Was der wohl träumt?

القِرْشُ يَلْعَبُ لِعْبَةَ المُطارَدَةِ مَعَ الأَسْماكِ. أخيراً أصْبَحَ لَهُ أصْدِقاءٌ! لَا أَحَدَ يَخافُ أسْنانَهُ المُذَبَّبَة.

عِنْدَما انْتَهَى الحِلْمُ، لُولُو مَازالَتْ تُرِيدُ مُغامَرَةً أُخْرَى. تَعالَيا مَعي لِرُؤْيَةِ الْفِيلِ بِمَاذَا هوَ حالِمٌ؟

Der Elefant ist so leicht wie eine Feder und kann fliegen! Gleich landet er auf der Himmelswiese.

Als der Traum zu Ende ist, will Lulu noch mehr erleben. Kommt mit, wir besuchen die kleine Maus! Was die wohl träumt?

اَلْفِيلُ خَفِيفٌ مِثْلِ اَلْرَيْشَةِ وَيَسْتَطِيعُ الطَّيَرَانَ. وَهُوَ عَلى وَشَكِ أَنْ يَحُطَ في الْمَرْجِ السَّمَوِيِّ. عِنْدَمَا انْتَهَى الْحُلْمُ، لُولُو مَازَالَتْ تُرِيدُ مُغَامَرَةً أُخْرَى. تَعَالَوْا مَعِي لِرُؤْيَةِ الْفَأْرَةِ الصَّغِيرَةِ بِمَاذَا هِيَ حالِمَةٌ؟

Die kleine Maus schaut sich den Rummel an. Am besten gefällt ihr die Achterbahn.

Als der Traum zu Ende ist, will Lulu noch mehr erleben. Kommt mit, wir besuchen den Drachen! Was der wohl träumt?

الفَأْرَةُ الصَّغيرَةُ تَزورُ مَدينَةَ المَلَاهِي. أَعْجَبَتْهَا لُعْبَةُ الْأُفْعَوانَةِ كَثيراً.
عِنْدَمَا انْتَهَى الحِلْمُ، لُولُو تُريدُ مُغامَرَةً جَديدَةً. تَعالَوْا مَعِي لِرُؤْيَةِ التِّنّينِ بِماذَا هوَ حالِمٌ؟

Der Drache hat Durst vom Feuerspucken. Am liebsten will er den ganzen Limonadensee austrinken.

Als der Traum zu Ende ist, will Lulu noch mehr erleben. Kommt mit, wir besuchen das Känguru! Was das wohl träumt?

التِّنِّينُ عَطْشانٌ لِأَنَّهُ يَنْفُثُ النّارَ مِنْ فَمِهِ. يَتَمَنَّى شُرْبَ بُحَيْرَةِ عَصيرِ اللَّيْمونِ كامِلَةً.
عِنْدَما انْتَهَى الحِلْمُ، لُولُو مازالَتْ تُريدُ مُغامَرَةً أُخْرى. تَعالَوْا مَعي نَزورَ الْكَنْغَرَ بِماذا هوَ حالِمٌ؟

Das Känguru hüpft durch die Süßigkeitenfabrik und stopft sich den Beutel voll. Noch mehr von den blauen Bonbons! Und mehr Lollis! Und Schokolade!

Als der Traum zu Ende ist, will Lulu noch mehr erleben. Kommt mit, wir besuchen den Ritter! Was der wohl träumt?

الْكُنْغَرُ يَقْفِزُ فِي مَصْنَعِ الْحَلْوَى وَيَمْلَأُ جَيْبَهُ مَزِيدًا مِنْ هَذِهِ الْحَلْوَى الزَّرْقَاءِ! مَزِيدًا مِنَ الْمَصَاصَاتِ! وَالشُّكْلَاطَةُ!

عِنْدَمَا انْتَهَى الْحِلْمُ، لُولُو مَازَالَتْ تُرِيدُ مُغَامَرَةً أُخْرَى. تَعَالَوْا مَعِي لِرُؤْيَةِ الْفَارِسِ بِمَاذَا هُوَ حَالِمٌ؟

Der Ritter macht eine Tortenschlacht mit seiner Traumprinzessin. Oh! Die Sahnetorte geht daneben!

Als der Traum zu Ende ist, will Lulu noch mehr erleben. Kommt mit, wir besuchen den Affen! Was der wohl träumt?

الفارِسُ يَخوضُ مَعْرَكَةَ المُرَطِّباتِ مَعَ أميرَةِ أَحْلامِهِ. يا لِلْهُولِ! قِطْعَةُ المُرَطِّباتِ أَخْطَأَتْ الهَدَفَ!

عِنْدَما انْتَهَى الحِلْمُ، لُولُو مازالَتْ تُريدُ مُغامَرَةً أُخْرى. تَعالَوْا مَعي لِرُؤْيَةِ القِرْدِ بِماذا هوَ حالِمٌ؟

Endlich hat es einmal geschneit im Affenland! Die ganze Affenbande ist aus dem Häuschen und macht Affentheater.
Als der Traum zu Ende ist, will Lulu noch mehr erleben. Kommt mit, wir besuchen den Piloten! In welchem Traum der wohl gelandet ist?

تَساقطَ الثَّلجُ أخيرًا فِي أَرْضِ القِرَدَةِ. فِرْقَةُ القِرَدَةِ خَرَجَتْ مِنْ دِيَارِهَا يَشْعُرُونَ بِالنَّشْوَةِ وَ يَتَصَرَّفُونَ مِثْلَ المَجَانِين، تُغَنِّي وَتَرْقُصُ وَتَقُومُ بِحَمَاقَاتٍ.

عِنْدَمَا انْتَهَى الحِلْمُ، لُولُو مَازَالَتْ تُرِيدُ مُغَامَرَةً أُخْرَى. تَعَالَوْا مَعِي لِرُؤْيَةِ الطَّيَّارِ أَيْنَ رَسَى حُلْمَهُ؟

Der Pilot fliegt und fliegt. Bis ans Ende der Welt und noch weiter bis zu den Sternen. Das hat noch kein anderer Pilot geschafft.
Als der Traum zu Ende ist, sind alle schon sehr müde und wollen nicht mehr so viel erleben. Aber den Babylöwen wollen sie noch besuchen. Was der wohl träumt?

اَلطَّيَّارُ يَطِيرُ وَيَطِيرُ حَتَّى نِهايَةِ العالَمِ وَأَكْثَرَ، حَتَّى النُّجومِ. لَمْ يَفْعَلْها حَتَّى طَيَّارٌ مِنْ قَبْلِهِ. عِنْدَمَا انْتَهَى الحِلْمُ، كَانَ الكُلُّ مُتْعَبًا وَلَا يَرْغَبُونَ فِي مُغامَراتٍ جَديدَةٍ لَكِنَّهُمْ يُريدُونَ زيارَةَ اَلشِّبْلِ بِماذَا هُوَ حالِمٌ يَا تَرَى؟

Der Babylöwe hat Heimweh und will zurück ins warme, kuschelige Bett.
Und die anderen auch.

Und da beginnt …

اَلْشِبْلُ يَشْتَاقُ إِلَى دِيَارِهِ وَيُرِيدُ الرُّجُوعَ لِفِرَاشِهِ الدَّافِئِ الْحَنُونِ.

وَالْآخَرُونَ أَيْضًا.

وَهُنَا يَبْدَأُ...